Dreams & Emotions

2022 Júbilo Iwata Supporter's Magazine
ジュビロ磐田 サポーターズマガジン

Go Beyond 突き進め!!

vol. 145

■発行
株式会社ジュビロ
〒438-0025 静岡県磐田市新貝2500
TEL.0538-32-1148 FAX.0538-37-4464

■情報の管理先
株式会社ジュビロ 静岡県磐田市新貝2500
株式会社SBSプロモーション 静岡県浜松市中区旭町11-1 プレスタワー11F

Producer／加藤真史（ジュビロ）
Editor／柴田さよ、能勢直、持永知美（ジュビロ）
Director／杉本有里（SBSプロモーション）
Writer／藤原志織、松本圭右（くまふメディア制作事務所）
Designer／内田晃人（エイティ・プロ）

Photo／久保暁生

JN095159

Júbilo IWATA CONTENTS

2022 Júbilo IWATA All Players Message

Interview

スポーツダイレクター

藤田俊哉

ジュビロは強く、格好良くあれ。

今年の9月にトップチームマネジメント部のスポーツダイレクターに就任した藤田俊哉氏は、これからのクラブの未来をどう思い描いているのか。ジュビロの躍進と数々のタイトル獲得に貢献してきたクラブOBとして、そして強化を担う立場から、来季へと向かう決意を聞いた。

――残留争いをしている厳しい時期にジュビロへと戻って来ました。どのような決意を持って、スポーツダイレクターに就任しましたか？

皆さんから「厳しい状況で戻って来てくれた」と言われるのですが、「本当に大変なときに戻って来たんだな」と改めて実感しているのが本音ですね。それだけに責任があるなと。ただ、性格的にはどういう状況でもやれることをやっていこうというタイプです。自分がやるべきことをやるだけだと。

ジュビロをより良い姿にしていきたいと思っていますし、やはり魅力があってユニークで、カッコ良いクラブ、愛されるクラブになっていきたいですよね。ユニークな方が良いじゃないですか。もちろん真面目に取り組む中で、カッコ良くて、強くて、楽しいサッカーを、厳しさを持って体現していきたいと考えていますし、本来ジュビロってそういうクラブだと思うんですよね。

――就任後はどのようなことに取り組んできましたか？

スーパーマンはいないですし、一人で何とかなるものではありません。みんなと協力して、より良いものにするにはどうすればいいのかということを考えていましたし、自分に何ができるかという前に、今チームはどんな状況なのか、そこを理解することに努めてきました。

選手たちとも自然体でコミュニケーションをとってきました。とにかく当たり前のことを当たり前にやろうと。その基準値が高い方が良いよね、という話をしたくらいで。すごく肩肘張って、何か特別なことをしたということはなかったですね。

――当たり前のこととは、例えばどのようなことですか？

初めて練習を見たとき、正直に言うと「なんてぬるいんだ」と思ったんです。「ジュビロは、こんな姿じゃない」と。一方で、選手のポテン

シャルはすごくあると感じたからこそ、もったいないなと思いました。もちろん選手たちもそこは気づいているし、コーチングスタッフもそれぞれが分かっている。分かっているのであれば、もう一度みんなで力を合わせて、その基準を上げようよと。私自身はシーズン途中の就任ということもあり、あまり大きな関与をすると混乱をきたすと思っていたので、冷静さを装いつつ、本当は冷静じゃなかったですが、ガシャガシャしてはいけないなと思って見ていました。

ただ、やはり力は入りましたね。就任後のリーグ戦6試合を見ているエネルギーが、クラブにいなかったときの試合の見方とはこんなにも変わるものなんだと。自分自身に大きな変化を感じました。

――そうした中で、1試合を残してJ2への降格が決まってしまいました。そのときの思いを聞かせてください

この世界に〝たられば〟はないのですが、本当にもったいないシーズンだったと感じています。降格が決まってしまったG大阪戦だけではないですが、もっとできることはあったと感じていますし、悔いが残るなと。その瞬間、瞬間というよりも、全体を通して安定した力が出せるチーム力を養っていかなくてはいけないですし、その準備をしていかなくてはいけません。選手たちはもっと競い合ってレベルを上げないといけないし、我々フロントはそういう環境を作り出さないといけないと。ここから先、やるべきことは本当にたくさんあります。

残念ながらJ2に降格してしまったという事実は変わりません。改めて自分たちの立ち位置を謙虚に見返して、もっと高い志を持って次へ進もうと考えています。もちろん1年でJ1に復帰するというのは大前提で、上がったあとにJ1でどう戦うかというところまでプランニングして来シーズンを大事に戦う必要があります。

◆

――来季へと繋がるポジティブな要素について、何か手応えを感じているものはありますか？

ひとつはっきりとしているのは、選手のポテンシャルはあるということです。ＦＩＦＡの問題で選手補強ということに関しては、大きな遅れをとってしまいますが、今いる選手たちに力があることは分かっています。若い選手たちもチャンスを与えればさらに活躍してくれるだろうと思いますし、そういう選手たちに大きな刺激を与えられるベテラン選手もいます。チームの総合力は高いと信じているので、そこを結果に結びつけていきたいですよね。選手たちが奮起することで、この苦しい状況を何とか打破して、次に繋げていきたいなと。そうした想いはチームにも伝えています。我々にとって来年は大きなチャレンジです。様々な声が聞こえてくるのはよく分かっていますが、それは自分たちの結果で跳ね除けていこうよ、ということですね。

足元をきちんと見つめることはもちろん大事にしながら、自分たちがどうありたいかというビジョンを明確に持って、力強く前に進んでいきたいですし、そのためにもお互いが求め合うところを、高い場所に設定することが重要だと思います。

――基準を上げていく、求めるものを高いレベルに持っていくために投げかけていきたいことはありますか？

まずはやはり、健康であることです。心身ともに万全な状態にして、ピッチに立つことが大前提なので、そこを大事にしていきたいと思っています。フットボールに関しては、クラブが考えるプレースタイルや方向性にマッチしたコーチングスタッフを準備して、指導陣と選手と我々フロントがリレーション良く、お互いにリクエストをたくさん出し合うような関係性を築いていきたいです。誰かに何かを求めると、責任というのはその分、大きくなりますよね。伝える〝言葉〟も大切にしながら、レベルを高めていきたいと思います。

そして何より、〝ピッチの中では魅力あるサッカーをしたいなと。たくさんの人に「ジュビロのサッカーって楽しいな」と思ってもらえるように、ハードワークして戦って、楽しいサッカーをして、そして勝ち切る姿を見せたいと思っています。

私の要求は高いかもしれませんが、そういうところまで行きたいじゃないですか。目標値は高く設定して、みんなで駆け足でそこに向かっていこうと。そんな想いを持っています。

――将来的にはジュビロをどのようなクラブへと成長させていきたいですか？

選手たちがこの場所で育って、広い世界へとたくさん羽ばたいていけるような環境を作っていきたいですね。ジュビロから海外へと挑戦して行った伊藤洋輝選手もすごく活躍してくれて嬉しいですし、W杯の舞台にきっと立つだろうと、すごく楽しみにしています。選手たちが競い合ってより高い場所を目指せるような、そういうクラブになるために、我々は準備していく必要があると感じています。

世界を目指せる方が、夢があっていいじゃないですか。磐田の方々はもちろん、静岡や日本のみんなに応援してもらえるような形を作っていきたいなと思います。そして、海外で活躍してまたここに戻って来てくれる、そういう選手たちの姿をたくさん見たいですね。

――クラブとしても、もう一度アジアに出て、世界と戦うというビジョンがあると思います

もちろんです。サッカーをやっている以上、大きな舞台を目指してやりたいです。今はみんな、そういうことも忘れちゃったと言いますか、昔ジュビロがＡＣＬに出たことも忘れられているかもしれないけれど、また再び思い起こせるようになるといいなと思います。今何も無いのに昔のことを振り返ってもらうばっかりでは、ちょっと寂しいですよね。だから、今のジュビロのことをしっかり見てもらって、僕たちも期待に応えていって、その結果過去も大切に振り返ってもらえるような、そんな循環を作っていけたらいいなと思っています。

◆

――それでは、改めてサポーターズマガジン読者の皆さんへ向けて、来季への意気込みを

自分自身ジュビロに戻って来て、「ヤマハスタジアムはいつ来ても良い雰囲気だな」と思いましたし、今年の最終戦でファンやサポーターの皆さんが試合後あれだけ残ってくれたあの風景というのは、忘れることができません。来年はJ2という舞台になってしまいますが、一戦一戦大切に戦って、魅力あるサッカーを展開して、そして結果を出したいと思います。1日でも早くJ1に復帰し、そこで結果を残すクラブになりたいと。J1で輝くクラブがジュビロ磐田であるようにベストを尽くしますので、たくさん楽しみにしていて欲しいなと思います。

2022 Júbilo IWATA All Players Message

今シーズンも最後まで共に戦っていただいた、サポーターの皆様へ。

GK 1 八田直樹

Naoki HATTA

今シーズンは指導陣も新たにスタートした中で、全体練習やＧＫのトレーニングを通して、こういうサッカーもあるのか、こういう身体の使い方もあるのかと、多くの刺激を受けました。一つひとつ勉強しながら過ごしていましたし、試行錯誤を続けてきた日々でした。自分の強みは捨てずに、できないことにチャレンジすることで、ＧＫグループ全体がレベルアップできれば、それがチームの勝利に少しでも繋がるという気持ちでサッカーと向き合ってきました。

サポーターの皆さんの存在は本当に力になりました。僕たちは応援してくれていることを当たり前だと思っては絶対にいけません。これからも応援したいと思っていただけるように、もっと多くの勝ちを重ねていかなくてはいけないと感じています。

DF 2 山本義道

Norimichi YAMAMOTO

DF
3

Kentaro OHI

大井健太郎

今年は本当に不甲斐ないシーズンでした。個人的にもなかなかチームの助けになることができませんでした。勝利から遠ざかるとどうしても目指す方向性や自分たちのプレーに自信がなくなってしまうので、できる限りみんなが前を向けるような行動を心掛けてきました。試合に出ている選手も出ていない選手も、最後までひとつになって戦えていたと感じているからこそ、結果が出ず苦しかったですし、サポーターの方に申し訳ないという気持ちが一番です。今年は声出し応援が一部解禁され、久しぶりに声を聞くことができ、自分たちが支えてもらっていることを再認識できました。

来年からは共に闘うことはできませんが、みんなの笑顔が増えるシーズンになることを祈っています。15年間ありがとうございました。

2022 Júbilo IWATA
All Players Message

個人としてもチームとしても、できたことと、できなかったことが明白になった1年でした。そこをこれからどのように補っていくのかが重要だと思います。自分の特徴である対人の強さはJ1でも通用したところもありましたが、相手の上手さや駆け引き、一瞬の速さへの対応はまだまだだと感じています。シーズンを通して徐々に慣れてきた部分もありますが、自分の基準をJ1で戦えるレベルに上げて、もっと向上していきたいと思います。

ファン、サポーターの皆さんには悔しい思いをさせてしまった1年だと感じていますし、僕たち選手にとっても悔しい1年でした。この悔しさはJ1でしか晴らせないと思うので、またこのステージで戦えるよう共に頑張っていきましょう。

DF 4
松原后
Ko MATSUBARA

夏に加入し、何とかチームの力になりたいと思って戦ってきました。ただ、怪我などで迷惑をかけてしまい申し訳ない気持ちが強いです。終盤は自分自身のプレーをピッチで表現できるようになり、思い切りの良さを生かした攻撃が得点に繋がるなど良い面もありましたが、決定機で決め切る強さをもっと身につけていかなくてはいけないと反省しています。

アウェイの横浜FM戦で勝利し、サポーターの皆さんと共に勝利を喜び合ったとき、やっぱりこの光景を見るために、この瞬間の醍醐味を味わうために、自分はサッカーをやっているのだと改めて感じました。これからも、応援してくださっている人たちに誇りを持ってもらえるようなプレーを見せられるように頑張っていきます。

DF 5
小川大貴
Daiki OGAWA

1年間、応援ありがとうございました。苦しい中でも共に戦ってくれたことで、背中を押してもらえたと感じています。ただ恩返しができなかったことは本当に残念です。

勝てない試合が続く中でも、何かを得て積み上げていくことを常に心掛けてきました。個人としては、自分が生きることよりもチーム戦術やグループ戦術が円滑に回るようにプレーしてきた1年でした。インテンシティの部分など、リーグ全体のレベルが格段に上がっていることは肌で感じられましたし、僕たちにそこに適応する力がなかったことはしっかりと受け止めなければいけません。目先の結果に捉われることなく、長い目で見てJ1で優勝争いができるチームになっていけるようにまた頑張っていきたいと思います。

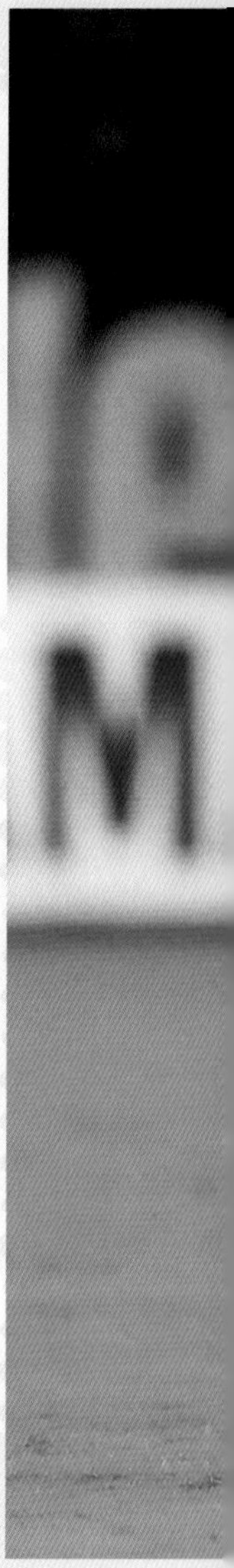

DF

6

伊藤槙人

Makito ITO

結果が全ての世界なので、降格という現実を重く受け止めなければいけません。失点も多かったですし、そこはセンターバックとして本当に悔しく思います。個々が改善しなければいけない部分ももちろんありますが、チームとして守らないと失点は減らせないので、連動や連係といったところは1年間考え続けてきました。個人としてはどんなときも最後まで諦めずに身体を張って戦うことを心掛けてきましたし、そこは今後も貫いていきたいです。

自分は強い相手と戦った方がより良いプレーができるタイプだと思っています。この1年は刺激的でしたし、この先もJ1でやりたい気持ちが強いです。J2の厳しい戦いを勝ち抜いて、またこの舞台でプレーできるように来年も頑張ります。

2022 Júbilo IWATA
All Players Message

2022 Júbilo IWATA

All Players Message

MF 7 上原力也

Rikiya UEHARA

なかなか勝利に貢献できず悔しい1年でした。自分たちが目指すサッカーをベースに、毎試合しっかりと相手を分析して、勝利に向けて戦ってきました。それでも結果が伴わなかったのは選手のクオリティが足りなかったり、イメージの共有ができていなかったということなので、一人の選手としてもっと成長しなければいけないと感じています。

それでもJ1の高いレベルの中でプレーできたことは、自分の成長にも繋がるはずです。また、今年は多くの試合でキャプテンマークを巻いてプレーしてきましたが、チームで一番戦うという意識や責任感も自分を成長させてくれたと感じています。ジュビロはもっと強いチームであるべきです。もう一度J1で上位争いができるように、今まで以上に努力していきます。

FW 9 杉本健勇

Kenyu SUGIMOTO

目指していたものとはかけ離れた結果となってしまいました。これが今の自分の力なので、受け止めなければいけません。試合に懸ける準備などは1年を通してしっかりやってきましたが、それで結果が出なかったということはまだまだだということですし、自分に弱さがあるということです。不甲斐なさを痛感したシーズンでした。

一番悔しかったのは、降格が決まってしまったG大阪戦です。実感が湧かず、受け止めるのに時間がかかりました。サポーターの皆さんは1年を通して素晴らしい応援をしてくれました。降格が決まった後も、温かい声が多く聞こえてきました。それが僕たち選手には響きましたし、本当に感謝しています。これからもジュビロの後押しをよろしくお願いします。

MF
8

大森晃太郎

Kotaro OMORI

1 年を通して、自分自身不甲斐ないプレーをしてしまったという悔しさが一番です。もっと自分が責任感を持ってプレーし、チームを引っ張っていかないといけないと感じていますし、もっと自分が結果を残すことができていれば、今の状況は変わっていたはずです。ただ、〝たられば〟を言っても仕方がないので、来シーズンはもっとチームに貢献して、勝ちを重ねていけるように頑張ります。

終盤戦は怪我をして戦線を離脱してしまいましたが、来季はスタートからガンガン入っていけるようにリハビリに努めていきたいと思います。サポーターの皆さん、1年間応援ありがとうございました。J2での戦いになってしまいますが、変わらず応援していただけると嬉しいです。

MF
10
山田大記
Hiroki YAMADA

これだけ長い時間、戦線を離脱しピッチを離れるシーズンというのは、これまで経験したことがありませんでした。チームが苦しい状況の中、歯痒い時間、心苦しい時間を過ごしていました。それでも残留の可能性がある中でピッチに戻ることができたので、何とか勝利に貢献したいという一心でした。それを成し遂げることができず、本当に悔しいです。

ただ、この1年外から仲間を見守っていましたが、シーズンを通して誰一人として欠けることなく全員がチームのために戦っていました。もちろん諦めている選手は一人もいませんでした。この結果は非常に残念ですが、やるべきことをやった上での結果として真摯に受け止めて、ここからまた強いチームを、クラブを、作っていきたいと思います。

FW
11
大津祐樹
Yuki OTSU

最低限の目標であるJ1残留を果たすことができず悔しいシーズンでした。J1はもちろんレベルの高いリーグではありますが、そこで戦っていく覚悟はみんなが持っていました。個人としてもチームとしても、もっと高いパフォーマンスを出すことができたはずです。

どの試合も勝ちたいという強い気持ちでプレーしてきましたし、もっと勝ちたかったというのが素直な気持ちです。それでもサポーターの方が最後まで一緒に戦ってくれたことには感謝しかありません。このような結果になってしまったことはすごく残念ですが、ジュビロを強くしていくためにはサポーターの力が必要なので、また一緒に戦っていけたらと思います。これからも応援よろしくお願いします。

2022 Júbilo IWATA
All Players Message

MF 14 松本昌也

Masaya MATSUMOTO

非常に悔しいシーズンでした。J1残留という最低限の目標を達成できず、自分自身の力不足を感じました。ポジティブに振り返られることはほとんどなく、たくさんの課題が見つかりました。特にゴール前での精度や質という部分では、普段のトレーニングからクロスやシュートを磨いてきましたが、ピッチで結果を残すことはできませんでした。そういった足りない部分をまた練習で補い、自分の成長やチームの成長に繋げていきたいと思います。

今年はなかなか勝利を届けることはできなかったのですが、たくさんの小学生と勝利を分かち合ったホーム・FC東京戦のような試合を来年は増やしていけたらと思います。サポーターの皆さん、どんなときも毎試合全力で応援してくださり、ありがとうございました。

MF 17 鈴木雄斗

Yuto SUZUKI

もっとやれた、もっとやらなければいけなかった1年でした。リーグ戦で6得点を決めたとはいえ、チャンスの数を振り返ると10得点は取れたと思いますし、アシストも含めてゴールに直結する数字はもっと残せたはずです。あとは、こだわっていた背後を取らせないこと、1対1でやらせないこと、アプローチのスピードなどといったところも到底納得できるレベルではありませんでした。

シーズン中は自信を失いかけていた時期もありましたが、サポーターの皆さんの存在や前向きな先輩たちのおかげで何度も奮起することができました。上手くいかないと考え込んでしまう僕に、前を向かせてくれた人たちには本当に感謝していますし、だからこそ結果で応えられなかったことは悔しく思っています。

FW 18 ジャーメイン良

Ryo GERMAIN

何とか残留の助けになりたいという思いで戦ってきたのですが、その目標を達成できずに悔しい1年となってしまいました。負けている状況など、点が欲しい展開での途中出場が多く、その中でチームに勢いをもたらしたり、流れを変えるようなプレーを心掛けてきました。また、中山コーチと居残りでのシュート練習を1年間続けてきたのですが、静岡ダービーの得点を含めてリーグ戦で決めたゴールは全て練習していた形だったので、ゴンさんにも感謝しています。来年はもっとシュートの場面を増やして数字を伸ばしていきたいですし、チームとしてもう一度成熟させて、1年でJ1に戻って来られるように頑張りたいと思います。今年1年、応援ありがとうございました。

GK 21 三浦龍輝

Ryuki MIURA

クリーンシートの試合がほとんどなく、課題が見えた1年でした。この経験を来年に活かして、再来年にまたJ1で戦えるようにプレーしていきたいと思います。個人としては経験値を上げられたとは思いますが、1年を通して納得のいくセーブはほとんどありませんでした。勝ちに繋げられなかった悔しさの方がはるかに強く、特にリードしている場面や立ち上がりはもう少し踏ん張りたかったと思っています。

思うようなシーズンを過ごせない中でも、今取り組んでいるトレーニングは間違いないと自分の中では落とし込めていましたし、これからも続けていこうと思っています。サポーターの皆さんには喜びを届けられず申し訳ありません。来年J1に昇格できるよう、また共に戦ってください。

MF
23

山本康裕

Kosuke YAMAMOTO

チームとして結果が出ない中で、納得のいくプレーがほとんどできず責任を感じています。終盤戦は粘り強い戦いができた試合もありましたが、誉められるものでは決してなく、なぜあのような試合を最初からできなかったのかを考えるべきだと思います。個人としても不用意なミスや失点に絡むプレーがありましたし、それは今後あってはならないものです。

チームは厳しい状況に置かれていますが、僕たち選手はジュビロのエンブレムをつけてピッチに立つ以上、責任を持ったプレーをしていかなくてはいけません。そして今後ジュビロがまた強く、大きくなっていくためには、ファン、サポーターの皆さんの力が必要です。またよければ一緒に戦い、選手の背中を押してください。1年間ありがとうございました。

2022 Júbilo IWATA
All Players Message

GK
24

梶川裕嗣

Yuji KAJIKAWA

この1年は全く充実していなかった、というのが率直な感想です。結果を残すことができず、非常に悔しいシーズンとなってしまいました。なかなか出場機会が得られない中でも、チームの勝利と自分の成長を常に考えてトレーニングをしてきました。初先発となったホーム・湘南戦で、仲間と上手くコミュニケーションを取りながら、無失点に抑えて勝てたことは印象に残っています。その一方で、スタメンの座を失ったホーム・浦和戦も同じように忘れることのできない試合です。重要な場面でパワーを出せなかったことは非常に心残りです。

ファン、サポーターの皆さん、1年間応援ありがとうございました。また1年でJ1に戻れるように全員で頑張っていきますので、これからも応援よろしくお願いします。

DF
25

森岡陸

Riku MORIOKA

チームの目標である残留を勝ち取ることができず、悔しく思っています。シーズンを通してコンスタントに出場し続けられなかったことも反省点です。その一方で、自分の一番の武器である守備の部分は通用したという感触もありました。特にアウェイの横浜FM戦で強力な攻撃陣を無失点で抑えたことは大きな自信になりました。一番変わったのはメンタリティです。序盤は初めてのJ1ということで恐る恐るプレーしていた部分もありましたが、終盤はそれが抜けてきて自分の声で味方を動かせるようにもなってきました。

試合に出れば良いパフォーマンスを出せるという自信があるので、来年は多くの試合に絡んで、サポーターの皆さんと力を合わせて1年でJ1に戻って来られるように頑張ります。

FW
27

吉長真優

Mabiro YOSHINAGA

プロ3年目でようやく試合に絡めるようになり、より多くのチャンスをもらえるようになった1年でした。縦へのアクションや周りとのコンビネーションで仕掛けて崩すところは、自分の持ち味を出せたかなと思います。一方守備面では、攻め込まれている時間帯にシュートを打たせないことや、あと一歩ついていくことなど、まだまだ足りない部分も多いです。

リーグ戦初ゴールを決めたホーム・柏戦は自分の中でも特別な試合ですし、あのゴールは大きな自信になりました。来年はさらに多くの出場機会を得て、期待に応えられる選手になっていきたいと思います。ジュビロはJ1にいるべきチームですし、またこの舞台で戦う姿を見せられるように全力を尽くします。1年間ありがとうございました。

MF
28
鹿沼直生
Naoki KANUMA

1年を通して結果を出し続けることができない、悔しいシーズンになってしまいました。個人的には初めてのJ1の舞台で、活躍できた試合もありましたが、コンスタントに結果を残すことができませんでした。そこでスタメンを奪い切ることができていれば、また違った結果になったと感じていますし、まだまだ力が足りなかったと痛感しています。もう一度自分を見つめ直して、来年はシーズンを通して活躍できるように頑張っていきます。

サポーターの皆さんには、悔しい思いを持ってスタジアムから帰ってもらうことが多くなってしまいました。それでも最後まで応援していただき、本当に力になりました。来季は感謝の思いを試合にぶつけて、1年でJ1に戻って来ます。

FW
29
ファビアン ゴンザレス
Fabian Andres Gonzalez Lasso

自分はFWなので、ゴールで貢献したいという気持ちが強かったですし、自分がもっと決めていれば勝っていた試合も多かったはずです。6得点という結果にはもちろん満足していませんが、それでも昨年より数字を伸ばすことができたのは、日本のサッカーに適応して仲間とより分かり合えるようになったということが大きかったと思います。その中でもホーム・鳥栖戦で決めたゴールは、どうしても勝点3が欲しい状況で、チームが自信を取り戻すきっかけになった、印象的なゴールでした。

怪我の影響もあり、多くの出場機会を得ることができず難しいシーズンでしたが、多くの方が声援を送り続けてくれたことは本当に大きな力となりました。皆さんに感謝の気持ちを伝えたいと思います。

MF 31

古川陽介

Yosuke FURUKAWA

実力不足を痛感した1年でしたが、それでも終盤戦は少し希望を見せることもできました。一番成長したのは判断の部分です。味方を上手く使えるようになったことで、今まで以上に余裕を持ってドリブルで仕掛けられるシーンが増えてきました。その中で決めたアウェイ・横浜FM戦のゴールは、人生においても大きな意味を持つゴールとなりましたし、我を忘れて興奮した瞬間でした。なかなか出番がない中でも、西野コーチやベテランの選手たちがいつも隣にいて心の支えになってくれていたからこそ、自分も折れずにいられました。

ゴールやアシストの数が増えていく選手が目立っていくと思うので、そこは常にこだわっていたいです。そして自分のプレーで喜んでもらえるように、もっと成長していきます。

2022 Júbilo IWATA
All Players Message

MF

32

黒川淳史

Atsushi KUROKAWA

個人としては5年ぶりのJ1でしたが、一つひとつのプレーのクオリティや強度のところでまだまだ足りない部分があると感じました。それでも強度などは徐々に伸びてきましたし、ピッチに立てば少しずつ自分の持ち味を出していけるようになりました。開幕戦では何もできなかったのですが、シーズン半ばの湘南戦では相手との駆け引きなど、自分主体でプレーできる場面が増えました。リーグ戦ではなかなかチャンスを掴めなかったのですが、天皇杯での2ゴールは自分の中で印象に残っています。

結果を残すことができず、チームに対しても力になることができない悔しい1年でした。ファン、サポーターの皆さん、苦しいシーズンでしたが、最後まで全力で後押ししていただき、ありがとうございました。

MF

33

ドゥドゥ

Luiz Eduardo Fleuri Pacheco

チームとしては残留という目標を達成することができず、個人的にも勝利に貢献することができませんでした。悔しい1年になりましたが、下を向いていても仕方ありません。来年は良い年にするために、ハードワークを続けてJ1に復帰する力になりたいです。

自分は今シーズン途中からジュビロの仲間に加わりましたが、学びの多いシーズンでした。日本の環境やサッカーへの理解度は深まっていると感じているので、来季はもっと自分の持ち味を発揮して、ピッチ内外でジュビロが良い方向へと進んでいくための力になりたいです。いつも応援してくださるサポーターの皆さんには、申し訳ない気持ちでいっぱいです。自分たちは必ずJ1に戻るので、変わらない応援をよろしくお願いします。

DF 36

リカルド グラッサ

Ricardo Queiroz de Alencastro Graça

個人としては日本のサッカーに少しずつ適応できてきたのですが、チームとしては期待通りのシーズンを過ごすことができず残念に思います。もっと力になりたかったという気持ちが強いです。守備面では1対1の場面で強さを発揮してきましたし、ボールを奪ってからもしっかりと繋ぐという持ち味を見せられた場面もありました。ただ自分は空中戦も得意としているので、攻撃面でももっとチームに貢献したかったです。

苦しいシーズンでしたが、勝利した試合はどれも印象に残っています。特にホームでサポーターと勝利を祝う瞬間は格別でした。いつも応援してくれたファン、サポーターの皆さんには感謝しています。来年J1に戻って来られるように全力を尽くすので応援よろしくお願いします。

2022 Júbilo IWATA
All Players Message

GK
37
アレクセイ コシェレフ
ALEXEI KOSELEV

今シーズンはJ2に降格してしまい、非常に悔しい思いを味わいました。個人としては、日本という新たな環境で色々な考え方に出会い、多くのことを経験しました。GKとして学んだ全てのことを今後に繋げていきたいですし、改善すべきポイントと向き合いながらさらにレベルアップできるよう努めていきたいと思います。

自分は様々な国のサポーターに出会ってきましたが、こんなにも優しくて自分たちに力をくれるサポーターは初めてです。良いときも悪いときも、ジュビロを支えてくださる皆さんには感謝の気持ちしかありません。来季はJ2での戦いになりますが、チームの戦力や技術に自信を持っていますし、必ず1年で復帰できると確信しています。

MF
38
藤原健介
Kensuke FUJIWARA

期待していたようなシーズンではなく、自分の力のなさや課題が浮き彫りになりました。それでも通用する部分はあると感じましたし、プロのレベルに慣れていけば自然とチャンスは来るはずだと、自分にしっかりとベクトルを向けてできることを増やしてきました。

強みとしているゲームメイクの部分では、これまでは2手3手先くらいまでしかチームを動かせなかったのですが、今はもう少し先を見ながらプレーできるようになってきたと感じています。成長していくためには、まずは試合に出ることが一番です。これまで通りしっかり自分にベクトルを向けて頑張り、このチームを勝たせられるような選手になりたいと思います。これからも応援よろしくお願いします。

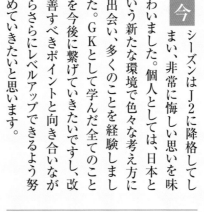

DF 39 高野遼 Ryo TAKANO

怪我の影響で全くチームに貢献できず申し訳なく思っています。リハビリでやれることは全てやってきたので、ここまで時間がかかってしまったことは仕方ないと割り切っている部分もありますが、みんなの頑張りを見てきたので悔しい気持ちが強いです。手術をした膝の状態には波があり、リハビリをやらなければ良くならない一方で、やっても期待通りに良くなるわけでもなく、メンタル的に厳しい時期が何ヶ月も続きました。それでも選手やスタッフの方々をはじめ、多くの人に支えられて今は痛みもなく楽しくサッカーができるようになってきました。

降格してしまったことは残念ですが、今年感じた気持ちを無くさないようにこれからも頑張っていきますので、見守っていてください。応援ありがとうございました。

MF 40 金子翔太 Shota KANEKO

今シーズンは良いサッカーができず、自分たちの強度の低さや甘さがあらわになりました。個人的にもシーズン前半はなかなか試合に出場できず、チームの力になることができませんでした。終盤は、まだまだですがゴールやアシストを記録することができたからこそ、こういうパフォーマンスを最初から発揮できていればという悔しさが大きいです。来年はもっと厳しい練習を積んでいく必要があると強く感じています。

サポーターの皆さん、こういう結果になり申し訳ありません。ただ、これからどう強いジュビロを作っていくかが何より大事です。J1で勝てるクラブ、強いクラブになりたいと思っているので、これからも一緒にジュビロの未来を作っていっていただけたら嬉しいです。

MF
50
遠藤保仁
Yasuhito ENDO

たくさんの方々に最後まで応援していただいたことには、感謝しかありません。J1に残留して終わりたかったのですが、それを果たせず申し訳なく思います。個人としては、1年を通してコンディションも悪くなく、多くの試合に絡むことができました。一番印象に残っているのは開幕戦です。監督が変わって最初の試合で手探りのところもありましたが、最低限の結果を得ることができ、スタートは決して悪くなかったと思います。久々のJ1でしたが、選手同士がリズム良くプレーすることができていたときは、良いサッカーを展開できていたと感じています。

今年は残念な結果になりましたが、ジュビロの歴史はこれからも続いていきます。また来シーズンから気持ちを新たに戦っていきたいと思います。

2022 Júbilo IWATA
All Players Message

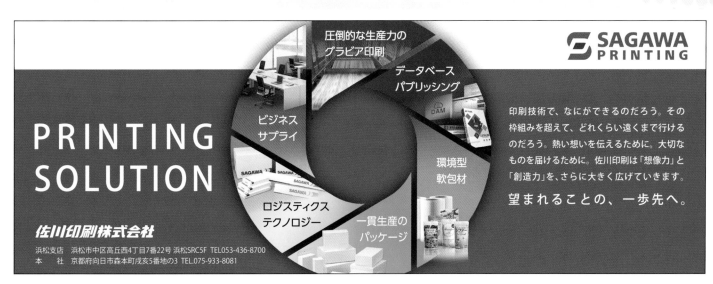

ジュビロ磐田U-18

高円宮杯 JFA U-18 サッカープレミアリーグ 2022 WEST

節	月 日	キックオフ	対戦相手	会 場	結果
4	10月30日(日)	14:00	ガンバ大阪ユース	磐田市スポーツ公園ゆめりあ球技場多目的グラウンド	○9-1
6	9月25日(日)	15:00	東福岡高校	ヤマハスタジアム	△1-1
13	11月5日(土)	11:00	清水エスパルスユース	IAIスタジアム日本平	△3-3
14	9月10日(土)	16:00	名古屋グランパスU-18	ヤマハスタジアム	●1-4
15	9月18日(日)	18:00	ガンバ大阪ユース	OFA万博フットボールセンター	○3-1
16	10月2日(日)	14:00	セレッソ大阪U-18	竜洋スポーツ公園サッカー場	○4-0
17	10月9日(日)	11:00	東福岡高校	東福岡高校グラウンド	○1-0
18	10月16日(日)	11:00	ヴィッセル神戸U-18	いぶきの森球技場	●0-5
19	10月23日(日)	11:00	履正社高校	上大之郷グラウンド	●1-4
20	11月20日(日)	13:00	静岡学園高校	エスプラット フジスパーク	
21	11月27日(日)	11:00	大津高校	ヤマハスタジアム	
22	12月4日(日)	13:00	サガン鳥栖U-18	佐賀市健康運動センター	

順位	チーム名	勝点	試合数	勝	分	負	得点	失点	得失
1	サガン鳥栖U-18(佐賀県)	36	19	11	3	5	48	27	+21
2	**ジュビロ磐田U-18(静岡県)**	**35**	**19**	**11**	**2**	**6**	**47**	**37**	**+10**
3	ヴィッセル神戸U-18(兵庫県)	34	18	10	4	4	39	25	+14
4	名古屋グランパスU-18(愛知県)	30	19	9	3	7	31	29	+2
5	静岡学園高校(静岡県)	27	18	7	6	5	37	29	+8
6	履正社高校(大阪府)	27	19	8	3	8	40	35	+5
7	大津高校(熊本県)	25	19	7	4	8	26	36	-10
8	東福岡高校(福岡県)	24	18	7	3	8	20	32	-12
9	サンフレッチェ広島F.Cユース(広島県)	22	19	5	7	7	28	33	-5
10	セレッソ大阪U-18(大阪府)	18	19	5	3	11	45	45	0
11	ガンバ大阪ユース(大阪府)	18	19	5	3	11	27	50	-23
12	清水エスパルスユース(静岡県)	16	18	3	7	8	31	41	-10

※11月16日時点

高円宮杯 JFA U-18 サッカーリーグ 2022 静岡 スルガカップ Bリーグ

※ジュビロ磐田U-18セカンドでの参加

節	月 日	キックオフ	対戦相手	会 場	結果
7	10月22日(土)	10:00	清水桜が丘高校2nd	上大之郷グラウンド	●1-3
10	10月15日(土)	10:00	藤枝明誠高校2nd	上大之郷グラウンド	●1-4
12	9月3日(土)	10:00	焼津中央高校	磐田東高校	○3-2
13	9月11日(日)	14:30	静岡学園高校3rd	上大之郷グラウンド	●1-6
14	9月19日(月･祝)	12:00	東海大学付属静岡翔洋高校	東海大学付属静岡翔洋高校	●2-7
15	10月8日(土)	10:00	静岡北高校	上大之郷グラウンド	△2-2
16	11月20日(日)	10:00	清水桜が丘高校2nd	清水桜が丘高校	
17	11月26日(土)	12:15	Honda FC U-18	磐田東高校	
18	12月4日(日)	10:00	日本大学三島高校	浜松開誠館総合グラウンド	

※11月16日時点

2022Jユースリーグ 第29回Jリーグユース選手権

節	月 日	キックオフ	対戦相手	会 場	結果
3	未 定	未 定	名古屋グランパスU-18	未 定	
5	未 定	未 定	ヴァンフォーレ甲府U-18	未 定	
6	11月12日(土)	11:00	FC岐阜U-18	郡上まん真ん中グラウンド	○9-1

※11月16日時点

ジュビロ磐田U-15

高円宮杯 JFA U-15サッカーリーグ 2022 東海

節	月 日	キックオフ	対戦相手	会 場	結果
15	9月4日(日)	14:00	ソシエタ伊勢SC	上大之郷グラウンド	○5-2
16	9月18日(日)	14:00	FC.フェルボール愛知	上大之郷グラウンド	○2-1
17	10月2日(日)	14:00	名古屋グランパスU-15	トヨタスポーツセンター	●1-3
18	10月16日(日)	15:00	名古屋FC EAST	名古屋商科大学グラウンド	○2-0

※11月16日時点

高円宮杯 JFA 第34回全日本U-15サッカー選手権大会 東海大会

	月 日	キックオフ	対戦相手	会 場	結果
1回戦	11月5日(土)	13:30	愛知FC庄内U-15	草薙総合運動場 陸上競技場	○4-1
準々決勝	11月6日(日)	13:30	FC岐阜U-15	草薙総合運動場 陸上競技場	○2-1
準決勝	11月12日(土)	10:30	JFAアカデミー福島	八百津蘇水公園多目的グラウンド	●1-4
3位決定戦	11月13日(日)	13:30	FCV可児	CSアセット港サッカー場	●1-4

※11月16日時点

高円宮杯 JFA U-15サッカーリーグ 2022 静岡＜1部リーグ＞

※ジュビロ磐田U-15セカンドチームでの参加

節	月 日	キックオフ	対戦相手	会 場	結果
13	8月30日(火)	19:15	ジュビロSS浜松	上大之郷グラウンド	○4-1
14	9月3日(土)	9:30	清水エスパルスジュニアユースセカンド	上大之郷グラウンド	●0-3
15	9月11日(日)	9:30	FC Fuji	上大之郷グラウンド	●0-6
16	9月17日(土)	11:30	常葉大橘中	とこはグリーンフィールド	△1-1
17	10月16日(日)	12:00	SALFUS oRs	上大之郷グラウンド	○3-1
18	9月23日(金・祝)	15:00	FC桜が丘	上大之郷グラウンド	●0-2
19	10月1日(土)	15:30	清水エスパルスSS榛原	上大之郷グラウンド	△0-0
20	10月8日(土)	14:30	浜名ジュニアユースクラブ	上大之郷グラウンド	●0-1
21	10月15日(土)	13:00	F.C.ヴァーデュア三島	上大之郷グラウンド	○1-0
22	10月22日(土)	13:30	清水エスパルスジュニアユース三島	上大之郷グラウンド	○1-0

※11月16日時点

高円宮杯 JFA U-13サッカーリーグ 2022 東海

節	月 日	キックオフ	対戦相手	会 場	結果
3	9月4日(日)	15:00	清水エスパルスジュニアユース	鈴与三保グラウンド	●0-2
4	9月10日(土)	16:00	名古屋グランパスU-15	上大之郷グラウンド	●2-4
5	9月17日(土)	14:30	ヴィアティン三重U15	上大之郷グラウンド	○5-0
6	10月2日(日)	13:30	浜松開誠館中	浜松開誠館総合グラウンド	○3-0
7	10月15日(土)	14:15	FC.フェルボール愛知	CSアセット港サッカー場	●1-2
8	10月23日(日)	15:00	刈谷JY	上大之郷グラウンド	●1-2
9	10月29日(土)	14:30	名古屋FC EAST	テラスポ鶴舞	○4-0
10	11月6日(日)	10:00	清水エスパルスジュニアユース	上大之郷グラウンド	●2-4
11	11月13日(日)	16:30	名古屋グランパスU-15	トヨタスポーツセンター	●1-4
12	11月19日(土)	15:00	ヴィアティン三重U15	スポーツの杜 鈴鹿第3グラウンド	
13	12月4日(日)	10:00	浜松開誠館中	上大之郷グラウンド	

※11月16日時点

ジュビロ磐田は、より多くの皆様と夢と感動を分かち合うことを願い、地域に根ざしたスポーツクラブを目指して活動しています。その活動の一部を紹介します。

HOME TOWN ACTIVITY REPORT

ホームタウン活動レポート

9/3㊏

柏戦 パラフットボール体験会

身体に障がいを持つ方と一緒に参加できるパラフットボールの体験会が柏戦当日に同会場で開かれました。初めて体験する子どもたちもすぐにコツを掴み、楽しそうにプレーをしていました。

また、ジュビロ特別支援学校チャレンジドカップに参加している生徒を対象としたサッカー教室・前座試合を通じて、他校の生徒とのサッカーを楽しみました。

9/17㊏

C大阪戦 スタジアム同窓会

ホームゲーム小学生一斉観戦事業の開始から10年目を迎えたことを受け、磐田市・市内企業が協力し、ヤマハスタジアムで同窓会を開催。就職活動を進める大学生と磐田で働く社会人の皆様がスポーツをしながら交流し、趣味や仕事の話で盛り上がりました。

職場体験／スタジアム見学

ジュビロ磐田では磐田市内の中学生を対象に職場体験を行っています。ジュビロの社員が普段行う業務を生徒たちが担当し、働くことを学んでいます。

また、小学生を中心にスタジアム見学も行っています。VIPルームや運営本部など、初めて見るスタジアムの裏側に参加児童は大興奮!「ピッチが思っていたよりも広い!」「一斉観戦が楽しみ」など、ジュビロ磐田に親しむきっかけ作りとして好評です。

令和4年度台風15号被災地支援活動

9月下旬に発生した台風15号により、静岡県内各地域が大規模な被害に見舞われました。少しでも被災者の方々の力になろうと、選手・スタッフが支援活動を行いました。

9/30㊎ 磐田市豊岡地区でのボランティア活動

浸水・土砂崩れ等の被害が特に大きかった磐田市立豊岡北小学校。児童の皆さんの安全確保のため、周辺の道路に堆積した土砂を片付け、土を洗い流す作業を行いました。

10/8㊏ 鹿島戦 支援金募金実施

「ボランティア活動を通じて被災地を実際に見たことで、支援の必要性を強く感じた」という選手たちの声から、ホームゲームでの募金活動を実施。同日行われた「赤い羽根共同募金」と合わせて384,782円の支援をいただきました。ご協力賜りました皆様に心よりお礼申し上げます。

ジュビロ磐田はシャレン（社会連携）活動を通じてSDGsに貢献しています。

磐田駅北口 多目的広場 イルミネーション

令和4年
10月21日㊎
令和5年
～2月14日㊋

コンセプトは
「体感・共感できるイルミネーション！」

徳川家康と磐田市の関わりを
イルミネーションで表現しているよ！
古の磐田の思いを感じてみてねー
磐田市イメージキャラクター
しっぺい
©磐田市

SBSアナウンサーの放送席からひとこと ON AIR

3年ぶりのJ1の舞台は、終わってみれば悔しさが多く残るシーズンに。スタジアムが歓喜に沸くことは多くはありませんでした。それでも皆さんの中でのベストシーンがあることでしょう。私にもあります。Jリーグ公式映像（DAZN）やSBSラジオの中継に、私が実況やリポーターで関わった8試合の成績は1勝4分3敗。その中の1勝、4月28日の名古屋戦。大津祐樹選手が2分間に2得点を挙げるという電光石火の逆転劇を見せた試合です。1点目は遠藤保仁選手のCKをニアで合わせた見事なヘディング、そして勝ち越し弾は技術の高さを見せつけるスーパーゴールでした。今季のホーム初勝利を呼び込んだ大津選手の活躍に胸が熱くなったのを今も覚えています。その後シーズン中の耳のアクシデントを乗り越え、ラストまでチームのために奮闘した姿にも大きな拍手を送りたいです。

もう1つは最終節の京都戦でJ1初先発を果たした古川陽介選手。第27節横浜FM戦でJ1初得点を挙げた19歳のルーキーは初先発の緊張感を感じつつも、未来を期待させるプレーを披露。試合後に古川選手にインタビューした際、来季に向けて「プロ選手として出場時間を伸ばし、ゴールとアシストの数を増やす。そして強いジュビロをチーム皆で作っていきたい」と強い思いを語ってくれました。持ち味の観客を魅了するサイドの仕掛けのさらなるパワーアップが楽しみです。

すでにチームはJ1再昇格に、そしてさらなる高みを目指して動き出しています。今季途中に就任し「ジュビロ磐田に関わる全選手、子どもたちからトップチームまでの全選手が大きい海を見られるようなクラブになりたい」と話をした藤田俊哉スポーツダイレクター。試合前には笑顔を見せ、フットワーク軽く、関係者に接する姿をスタジアムで見せています。サッカーを知り尽くし海外事情にも明るい、その手腕に大きな期待がかかります。選手もフロントも一丸で取り組み、来季は何度も歓喜に沸く年にしましょう。

SBSアナウンサー
岡村久則（おかむら・ひさのり）
愛知県名古屋市出身
1974年9月11日生まれ
【担当番組】
「各種スポーツ中継」

グッズdeいーに
goods de i~ni

Admiral
アドミラル福袋が登場!

オリジナル商品を多数詰め合わせました。
ここでしか手に入らない商品が盛りだくさん!
その他のセットもたくさんご用意しておりますので、
皆様ぜひお買い求めください。

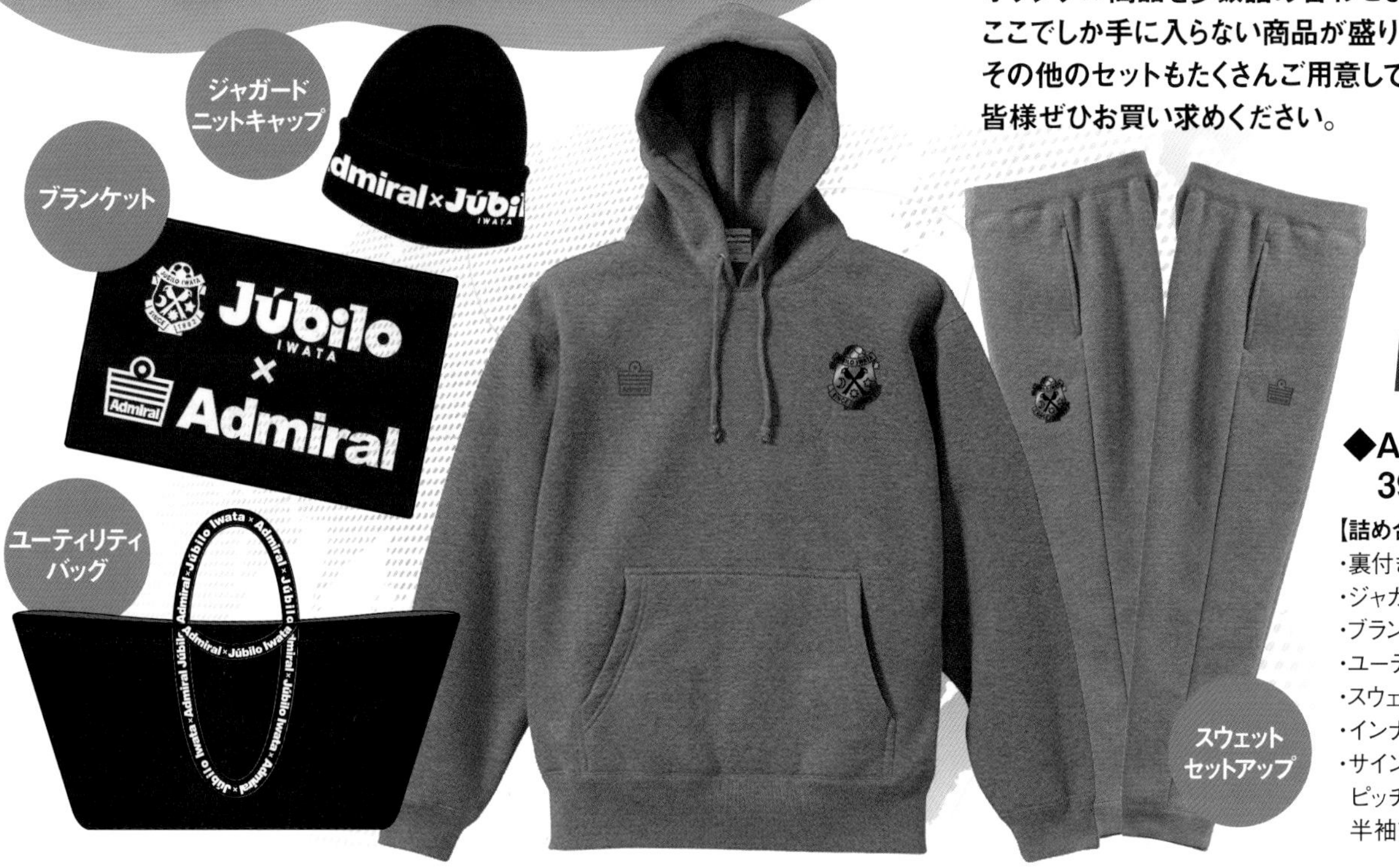

◆Admiral福袋
39,600円(税込)

【詰め合わせ内容】
- 裏付きウーブンパーカー:ブラック
- ジャガードニットキャップ
- ブランケット
- ユーティリティバッグ
- スウェットセットアップ
- インナーベスト
- サイン入りユニフォームor ピッチプラクティスシャツor 半袖プラクティスシャツ

お求めは

☆ジュビロショップ磐田
tel.0538-34-5684
営業時間/平日12:00-19:00、土日祝10:00-19:00
月定休(祝日を除く)

☆ジュビロショップサーラプラザ浜松
tel.053-545-6001
営業時間/平日11:00-18:00、土日祝10:00-18:00
月定休

☆ジュビロe-shop
https://www.jubilo-shop.jp/
ジュビロe-shop QRコード▶

サポーターズクラブ会員 NEWS

10月22日(土)清水エスパルス戦にてサポーターズクラブ会員限定応援企画を開催しました!

HUB高田馬場駅西店

日頃からジュビロ磐田を応援してくださっているHUB高田馬場駅西店にて、ジュビロ磐田応援イベントを開催! ご来店の会員様に来場ポイント付与、選手カードプレゼントを実施し、さらにスペシャルゲストとしてジュビロ磐田OBの松森亮さんが登場。
1店舗に収まりきらないほどたくさんのサポーターの方々が集結し、東京都内からも熱い応援を送っていただきました。

IAIスタジアム日本平

IAIスタジアム日本平のビジター2F指定席をご購入の会員様を対象に特別企画を実施! 通常のアウェイゲームでは行なっていない来場ポイント付与を特別に実施しました。
当日のビジター2F席はサックスブルーで満席に。選手入場時には見事な三光鳥のコレオグラフィがスタンドいっぱいに広がりました。

今後も様々なイベントを開催してまいりますので、どうぞお楽しみに!
最新情報はジュビロ磐田公式HPをご確認ください。

サポーターズクラブ会員専用
「マイページ」へのログインはこちらから >>>

ご登録住所の変更の反映は1か月程度を要するため、場合によっては郵便物が変更前の住所に届く可能性があります。ご注意ください。

年会費について
サポーターズクラブの年会費に関しまして、入会時に指定された方法によって、自動継続となりますので、ご注意ください。(会員規約10条)
※有効期限はマイページにてご確認下さい。 ※カテゴリ切替の受付は、有効期限前月から前月末(会社営業日)までとなります。

2023シーズンシートのご案内

対象試合

18試合(J2リーグ)

●エコパスタジアム開催試合(2試合予定)と磐田市小学生一斉観戦事業の対象試合(1試合)、およびJリーグカップ戦は対象外です。
●上記対象外の試合につきましては、シーズンシートを購入のお客様を対象に、優先販売を実施いたします。
詳細は、該当試合の日程発表後にお知らせします。

ヤマハスタジアム

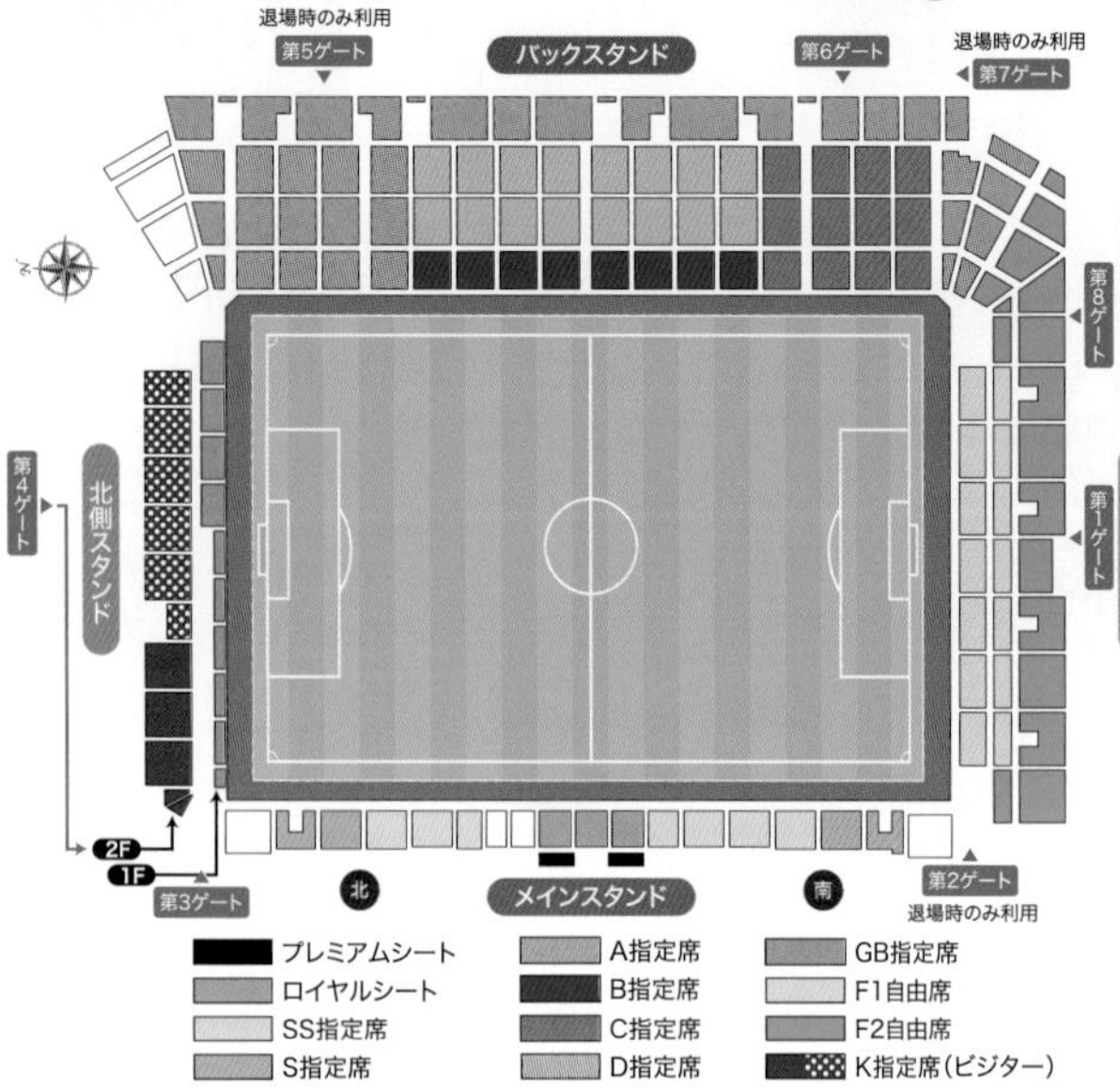
退場時のみ利用
第5ゲート
バックスタンド
第6ゲート
退場時のみ利用
第7ゲート
再入場・退場時のみ利用
第8ゲート
第4ゲート
北側スタンド
第1ゲート
南側スタンド
2F
1F
第3ゲート
北
メインスタンド
南
第2ゲート
退場時のみ利用
プレミアムシート
ロイヤルシート
SS指定席
S指定席
A指定席
B指定席
C指定席
D指定席
GB指定席
F1自由席
F2自由席
K指定席(ビジター)

受付期間

2022.11/29(火) 12:00 〜 12/13(火) 23:59　セット券優先会員先行販売(一次販売)
12/20(火) 12:00 〜 2023.1/13(金) 23:59　サポーターズクラブ会員販売(二次販売)

●販売予定数に達した券種につきましては、一次販売の期間中であっても受付を終了させていただきます。
●一次販売で販売予定数に達した券種は、二次販売を行いません。
●オプション駐車券をご希望の方は、座席チケットのお申込時に、同時に駐車券もお申込みください。(駐車券のみのお申込はできません。)
●オプション駐車券は販売予定数に達し次第、受付を終了させていただきます。
●お申込は一次販売、二次販売を通じて、1会員1回限りです。(一次販売も二次販売も、サポーターズクラブ会員番号で会員認証を行います。)

価格表(対象試合:リーグ戦18試合)

(税込)

券種	エリア	販売単位	シーズンシート価格 18試合	シーズンシート価格 1試合あたり	サポーターズクラブポイント加算	通常前売価格(1席分)	ご参考 前売価格×18試合
プレミアムシート	メインスタンド	1席	¥248,400	¥13,800	1,000P	通常販売は行いません	
ロイヤルシート	メインスタンド	1席	¥138,600	¥7,700	800P	¥9,000	¥162,000
SS指定席	メインスタンド	1席	¥99,000	¥5,500	500P	¥6,930	¥124,740
S指定席	メインスタンド	1席	¥72,000	¥4,000	500P	¥5,130	¥92,340
A指定席	バックスタンド	1席	¥49,500	¥2,750	300P	¥3,600	¥64,800
B指定席	バックスタンド	1席	¥43,200	¥2,400	300P	¥3,150	¥56,700
C指定席	バックスタンド	1席	¥37,800	¥2,100	200P	¥2,970	¥53,460
D指定席	バックスタンド	1席	¥34,200	¥1,900	200P	¥2,700	¥48,600
D指定席(小中高)	バックスタンド	1席	¥9,720	¥540	200P	¥880	¥15,840
GB指定席	北側スタンド1F	1席	¥43,200	¥2,400	300P	¥3,150	¥56,700
F1自由席	ホームゴール裏	1席	¥43,200	¥2,400	300P	¥3,150	¥56,700
F1自由席(小中高)	ホームゴール裏	1席	¥15,300	¥850	300P	¥1,280	¥23,040
F2自由席	ホームゴール裏	1席	¥43,200	¥2,400	300P	¥3,150	¥56,700
F2自由席(小中高)	ホームゴール裏	1席	¥15,300	¥850	300P	¥1,280	¥23,040

●お申込後のキャンセル、変更はいかなる場合もできません。
●小中高券種をご利用いただけるのは、2005年4月2日以降に生まれた方が対象となります。各席数には限りがございます。販売予定数に達した券種につきましては、受付期間中であっても受付を終了させていただきます。
●複数席購入の場合も、ポイントはシーズンシート購入代表者に購入席数分まとめて付与します。(2023年2月下旬加算予定)

2023シーズンシートは受付方法が大きく変わります!

ジュビロショップおよび郵送でのお申込が廃止になります。
WEBでのお申込が難しい方は、ヤマハスタジアムでの申込受付をご利用ください。

【ヤマハスタジアム申込受付日程】 以下の日程以外にお越しいただいても対応いたしかねます。

■セット券優先会員受付

日付	時間	
12月1日(木)		15:00〜17:00
12月2日(金)	10:00〜12:00	15:00〜17:00
12月3日(土)	10:00〜12:00	15:00〜17:00
12月10日(土)	10:00〜12:00	15:00〜17:00

■サポーターズクラブ会員受付

日付	時間	
12月21日(水)	10:00〜12:00	15:00〜17:00
12月23日(金)		15:00〜17:00
12月24日(土)	10:00〜12:00	
12月27日(火)	10:00〜12:00	15:00〜17:00

【申込受付場所】
ヤマハスタジアムの「チケット売場」前にお越しください。

【当日お持ちいただくもの】
・記入済みの申込書
(申込書はジュビロ磐田公式サイトからダウンロードいただくか、ジュビロショップ店頭で入手いただけます。)
・会員証・携帯電話

★主な変更点、受付に関する注意点、お申込方法などは、ジュビロ磐田公式サイトをご確認ください。

購入特典&サービス

①特別価格

1試合ごとに販売しているチケット料金より、1試合あたりの価格が断然お得です。

②シーズンシート購入者優先販売

シーズンシート対象外の試合を、優先的に購入することができます。

●エコパスタジアム開催試合と磐田市小学生一斉観戦事業の対象試合、Jリーグカップ戦は、シーズンシートをご利用いただけません。

③先行入場 ※自由席のみ

F1自由席・F2自由席は、他のご来場者より先に入場できます。

●各試合ごとに事前の申込登録が必要です。詳細はICカード発送時にご案内します。

④オリジナルICカード

2023シーズンシートを購入のお客様に、1席につき1枚、シーズンチケットとしてオリジナルICカードを発行いたします。

●破損・紛失時の再発行には3,300円(税込)頂戴します。

⑤ICカードで入場がスムーズに!

入場ゲートでICカードをかざすだけで入場できます。
1年間同じカードで入場するので、紙チケットのように「違う試合のチケットを持ってきてしまって入場できない!」ということがありません。

⑥チケットの譲渡・リセールサービスが利用可能

行けない試合があっても、Jリーグチケットを利用すれば家族や友人に無償で譲ったり、公式リセール(再販売)が可能です。

⑦オプション駐車券購入権

スタジアム近辺の駐車場の年間駐車券をご購入いただけます。

⑧会員ポイント加算

ご購入席種によって200ポイントから1,000ポイントをプレゼントします。
複数席ご購入の場合、購入代表者にまとめてポイント付与いたします。

⑨オリジナルグッズプレゼント

オリジナルデザインの「カードホルダー」を購入席数分プレゼントします。

プレミアム・ロイヤルシートスペシャル特典

プレミアムシートのみ 選手のサイン入りカードをプレゼント(2023年2月下旬に郵送予定です)。毎試合、お席にお飲み物をご用意します。寒い日にはひざ掛けもご用意いたします。

ロイヤルシートのみ ネームシート ※座席にお好きな名前を入れられます。

●プレミアム・ロイヤルシートに、スタジアム駐車券はつきません。必要な場合は、オプション駐車券を座席チケットお申込時に、同時にお申込ください。

新規スポンサーご紹介

フジオーゼックス株式会社
株式会社Dibblebizia
株式会社遠州

サポーターズクラブ法人・法人プレミアム 新規会員ご紹介

EY新日本有限責任監査法人 浜松事務所
株式会社 三光
株式会社トヨタレンタリース浜松
株式会社 フジテクノ
アドブレーン
医療法人社団 正圭会
有限会社 大島工業所
株式会社 川良
株式会社 キタイ電気
杉浦石油 株式会社
鈴与商事 株式会社
聖隷福祉事業団労働組合
株式会社 東亜機工
ナックフィーディング 株式会社
浜松ヤナセ 株式会社
有限会社 双葉
マルツ工業 株式会社
医療法人社団八洲会袋井みつかわ病院
労働保険事務組合　さくら会

Admiral
Be Strong. Be Stylish
admiral-gb.com

ISBN978-4-7838-8064-6 C0075 ¥380E 印刷所・佐川印刷株式会社